PREDICTIONS THEVRGIQVES,

pour dix-neuf années.

Calculez sur nostre vray Clymat, le Polle estant esleué de quarante-huict degrez, cinquante-cinq minuttes.

Le tout supputé selon la Doctrine plus secrette d'Astrologie, des anciens Arrabes Astrologues, & Cabalistes Hebrieux.

Par Me EVSTACHE NOEL, Curé de Saincte Marthe, Professeur és sciences diuines & celestes.

A PARIS,

Chez IEAN PROMÉ, en sa boutique au coin de la ruë Dauphine.

M. DC. XXXVI.

G
S
O
M
P
T

PREFACE
DE L'AVTHEVR.

AVcvns ignorans (peut-estre) l'excellence de la science d'Astrologie, me pourront accuser de temerité ou indiscretion, de la hardiesse que i'ay prise de vouloir mettre en lumiere ces predictions : mais recognoissant que le fondement d'iceluy est ceste belle science, tant prisée & exhaltée par nos anciens, comme la premiere inuentée & receuë entre les peuples, il me pourront excuser. Or qu'elle soit la plus ancienne de toutes on le peut remarquer ; par ce que Iosephe Historiographe Hébrieu, fort renommé entre les bien approuuez, a escrit au deuxiesme Chapitre du premier liure des Antiquitez Iudaïques, traictant de la posterité d'Adam, & des dix aages iusqu'au Deluge, où parlant des enfans de Seth fils d'Adam, il dit ainsi, *Quoniam erant homines bona indole prædicti in perpetua felicitate vitam exigerunt, & sideralem scientiam ac cælestium rerum cognitionem excogitauerunt :* &

A ij

ainſi, dit-il, que leurs inuentions d'Aſtrologie & cognoiſſance des choſes celeſtes ne s'eſcou-laſſent de la memoire des hommes, & ne pe-riſſent auant que d'eſtre cogneuës. Ils firent eſleuer deux pilliers, en chacun deſquels, l'vn eſtant de brique, l'autre de pierre, y firent gra-uer leurs inuentions, ſe reſſouuenans que leur pere auoit preueu par les Aſtres, que deux fois le monde periroit; l'vn par l'eau, l'autre par le feu : & parlant le meſme autheur ſur la fin du troiſieſme Chapitre du liure ſuſdit, du long aage des hommes qui lors eſtoient, vſe de ces termes, *Deus illis prolixiorem largitus eſt vitam, tum propter ſtidium virtutis, tum propter vtilitatem inuenturum artium : vt Aſtronomia & Geometria,* à la certitude deſquelles ils n'euſſent peu iamais paruenir pour la laiſſer bien aſſeurer à leur po-ſterité, s'ils auoient veſcu moins que ſix cents ans ; & deſirant faire cognoiſtre que Dieu pre-mierement a donné la cognoiſſance de ceſte ſcience à ceux qui les premiers l'ont cogneuë & aimée ; dit-il pas au Chapitre huictieſme du meſme liure, qu'Abraham communiqua be-nignement ceſte ſcience d'Aſtrologie aux Egy-ptiens, leſquels auparauant n'en auoient au-cune cognoiſſance, & que les Grecs la receu-rent des Caldéens ; de laquelle nation eſtoit Abraham : tous argumens infaillibles de l'an-

tiquité & excellence de ceste diuine inuention ;
par le moyen de laquelle l'homme peut, comme diuin, predire & annoncer les biens ou maux
qui peuuent tomber de la main de Dieu, c'eſt
ce que dit ce grand & admirable Prophete
Royal Dauid, au premier verſet du Pſeaume
dix - huictieſme, ſous ces mots ; *Opera manuum
Dei annunciat firmamentum :* Et voulant faire entendre que Dieu a volonté que chacun ſoit ap-
prins en ceſte ſcience ; il a eſcrit au verſet 3. du
Pſeaume 103. qu'il entend & ouure le Ciel,
comme vne peau ; ce qui conuient à la diffini-
tion de l'Aſtrologie, qui eſt, comme tiennent
les Profeſſeurs d'icelle, *Liber Dei apertus in quo
pauci legere norunt:* pour cognoiſtre que les Aſtres
peuuent ſur nous ſelon la volonté de Dieu, qui
dés le commencement leur a donné vn pre-
cepte & commandemét, qu'il ne paſſera point,
comme il eſt porté au Pſeaume 148. où ce
grand Prophete admoneſtant toutes choſes,
loüet Dieu, ayant parlé du Soleil, de la Lune,
& des Eſtoilles, adjouſte, *In ſæculum ſæculi præ-
ceptum poſuit eis & non præteribit :* tous leſquels
paſſages nous peuuent faire paroiſtre & cognoiſtre combien ceſte ſcience, vray don de
Dieu, eſt certaine entre toutes les autres, &
la cognoiſſance d'icelle neceſſaire, ſpeciale-
ment au Medecin, pour methodiquement

A iij

PREFACE.

proceder à la cure & guarison des maladies,
discerner en quel temps il est bon ou mauuais
prendre medecine, vser de sextion de veines, &
en quel temps il est perilleux. Hypocrate Prince des Medecins a bien voulu remarquer au
cinquiesme Chapitre de son quatriesme Liure
de ses Aphorismes, qu'aux iours Caniculaires,
& peu auparauant les medecines laxatiues sont
fascheuses, Gallien a fait vn traicté *de Schema-*
tibus Lunæ per cæli domos : où il remarque les
simptomes des maladies, ayant esgard au signe
où est la Lune, Æce Medecin Grec fort ancien
& bien approuué a traicté, *de Accessione ac signi-*
ficatione Stellarum, en son troisiesme liure, Chapitre 164. & presque tous les anciens & mo-
dernes Medecins ; & pource estant ceste science si bien approuuée, ie n'ay fait difficulté mettre en lumiere ce mien petit labeur, lequel ie
supplie le present Lecteur auoir agreable; m'as-
seurant qu'il sera mieux receu par les gens doctes, dont ie suis & seray eternellement leurs
tres-humble seruiteur

EVSTACHE NOEL
Saincte Marthe.

OBSERVATIONS
SVR LES ANNEES.

DEpvis la creation du monde iusqu'à nostre
Sauueur 4001. ans. Et depuis sa Natiuité
iusqu'à present 1636. adioustez ensemble, sont cinq
mil trente six ans.

Et depuis le Deluge general. 3941. ans.

Depuis la Circoncision. 3549. ans.

Depuis la premiere celebration de Pasques & Pen-
tecoste. 3144. ans.

Depuis la premiere construction de Rome par Ro-
mulus, iusqu'à ce temps. 2408. ans.

Depuis la mort d'Alexandre le grand. 1960. ans.

Depuis la premiere fondation de Lyon. 1710. ans.

Depuis la Natiuité de nostre Sauueur. 1636. ans.

Depuis sa Resurrection. 1602. ans.

Depuis la Predication de sainct Paul. 1604. ans.

Depuis le commencement de l'Empire Romain. 1581.

Depuis la premiere destruction de Ierusalem par Vespa-
sian & Tite, iusqu'à la reparation faite par l'Empereur Adrian. 47. ans.

Et depuis la reparation de Ierusalem par l'Empereur
Adrian iusqu'à maintenant. 1437. ans.

Depuis l'institution du Caresme par le Pape Te-
lesphore. 1427. ans.

A iiij

Depuis le commencement des ieusnes & quatre-temps,
& des cimetieres ordonnez par le Pape Calixte.
1417. ans.

Depuis la donation de Rome par l'Empereur Con-
stantin le Grand au Pape Siluestre.   1326. ans.

Depuis le commencement de la loy Salique faicte par le
Roy Pharamond.   1179. ans.

Depuis la prise & bruslement de Rome par les Goths.
1088. ans.

Depuis la premiere Monarchie des François commen-
cée par le Roy Pharamond, iusqu'à la deuxiesme
427. ans.

Depuis la troisiesme Monarchie de Huë Capet, dont
sont descendus les tres-Chrestiens Roys de France,
iusqu'à maintenant.   971. ans.

Depuis la maudite heresie de Mahomet,   961. ans.

Depuis l'inuention de l'Imprimerie.   212. ans.

Depuis l'erection de Sorbonne.   409. ans.

Depuis le commencement de l'Ordre des Iesuistes.
91. ans.

Depuis la sainct Barthelemy.   64. ans.

Depuis l'entrée du Roy Henry IIII. à la Cou-
ronne.   42. ans.

Depuis l'euenement du Roy Louys le Iuste à la Cou-
ronne.   26. ans.

PREDICTION THEVRGIQVE,
pour l'année mil six cens trente-six.

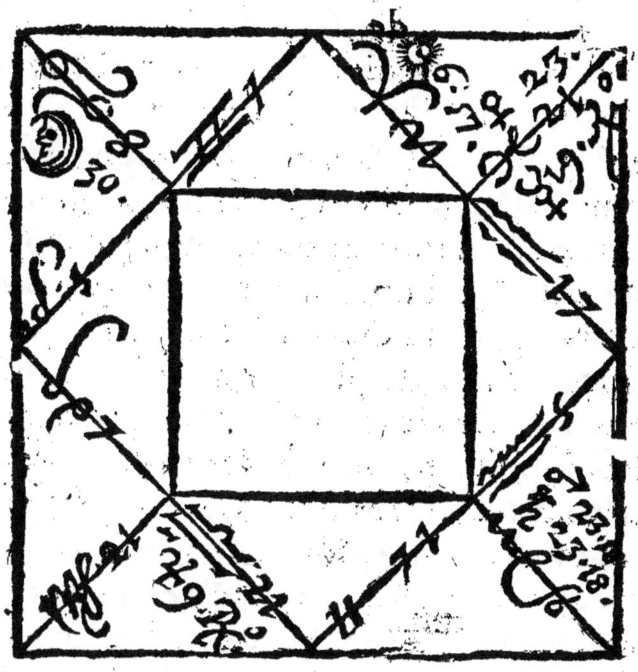

L E vieil gelé Saturne sera dispositeur de l'air, pour le commencement de ceste année, estant alors de l'entrée du Pere de lumiere le Soleil, sous les signes Arietiques, icelle Planette cheminant directement en sa montée Septentrionnalle, sous son signe de Hanael, qu'aucuns ont figuré estre moitié Chevre, & moitié Poisson, lequel ne manquera pas de nous faire sentir des effects conformes à son humeur, qui est de la qualité terrestre, nous donnant en son commencement vn temps fort humide en neiges & verglats, rendant le ciel fort couuert par bruines & brouillards ; neantmoins son humeur promet ceste année estre d'vne bonne complexion & temperature d'air : mais aux lieux Septentrionnaux la bise soufflera à bon escient. Quand aux bleds & vins ils feront assez belle monstre sur nostre France ; mais la temperature de l'air sera fort preiudiciable vers le pays de Lorraine, & pays adjacent, mesme vers la haute Italie. Le bon pere Denys ne sera trop content, pour le tort & injure que luy fera ledit Planette Oriphiel, dit Saturne, ainsi appellé en Astrologie diuine, auec fascheux & diuers accidens. Ceux qui auront fait prouision de bois gaigneront beaucoup ; ce temps sera assez bon pour la santé des personnes. Par l'influence de cedit Oriphiel, trouué Oriental, menace de mediocritez de pluyes, dont les froidures en feront plus grandes, les corps humains seront assez en mauuaises disposition, à cause des maladies mortelles qui regneront : & autres qui seront de longue durée auront cours. Plusieurs disputes entre les grands, les inferieurs entre les riches, dont on est menacé. Iupiter estant sous le signe de Verchiel, Septentrionnal descendant & retrograde par le moyen de son circulaire mouuement en Occident, lors de l'entrée de Michael en Malchidiel, nous fera entendre & raisonner de grands tonnerres, auec foudres & feux du Ciel forts dangereux vers la partie du Midy, selon l'Astrologie Aquastique, me fait voir des hommes Lyonistes, qui sous feintes Morosiennes s'esleueront par le moyen d'armes fœtardes, l'on s'en doutera. Ce grand Astrologue Albumazar en son liure des grandes Conjonctions Eclyptiques nous dit, qu'il paroistra ceste année mil six cens trente-six quatre Eclypses, deux du Soleil, & deux de Lune, dont la premiere se fera de Soleil, le 6. iour du mois de Feurier, à 10. heures 25. minuttes apres midy,

à nos Antipodes, fous le dix-huictiefme degré du figne
d'Aquarius, *In caput Draconis* : qui leur fignifie leur arriuer vne difette de viures.

Plus vne feconde Eclypfe fe fera de la Lune le 20. iour
de Feurier à dix heures cinquante-fept minuttes apres
midy, fous le deuxiefme degré du figne de la Vierge,
Luna in caput Draconis : ayant en cedit iour vne oppofi-
tion du Soleil à Iupiter, & vn trine regard de Mars à
Mercure, qui nous fignifie que mal aduenir, auec de
grandes maladies.

Item, alors que nous ferons paruenus au premier
iour d'Aouft, fur les quatre heures fix minuttes du matin paroiftra la troifiefme Eclypfe, qui fera de Soleil à
fon leuer fur noftre hemifphere, luy eftant auec la Lune
fous le neufiefme degré du colerique Lyon, de la nature
du feu, *In canda Draconis* : qui contredira fort à Samael,
& à Anael, & à leurs paifibles effects, la mort non tenant le chemin ordinaire terminera la vie à quelque
grand Seigneur és parties Orientales.

Continuant nos fupputations ordinaires fur les mou-
uemens des corps celeftes, & principalement fur celles
du Soleil & de la Lune, il fe trouuera que le feiziefme
iour du mois d'Aouft, à quatre heures quarante minuttes du foir, fera veu au commencement de l'orizon de
nos Etheofy, & fin de noftre hemifphere, vne Eclypfe
de Lune fous le vingt-quatriefme degré du figne du
Ganimede vulgairement appellé en Aftrologie Aquarius : laquelle Eclypfe nous annonce & denote vn no-
table changement en toutes chofes en ceft Vniuers.
Adanachiel dit Sagitarius, gouuernant la belle faifon
Printaniere, la rendra chaude & variable. Anael en la
deuxiefme maifon caufera la fin eftre femblable au
commencement.

Prediction theurgique, pour l'année 1636.

La saison de l'Esté prendra son commencement le 21. iour du mois de Iuin, à trois heures 50. minuttes du matin, ayant pour ascendant Muriel ou Cancer, que les Arabes appellent Albacra, assisté de Raphael en la premiere maison celeste; qui par le pouuoir de son influence nous signifie le commencement estre fort venteux, non sans pluyes & humiditez fascheuses. Au premier mouuement celeste, suiuant l'ordre du premier mobile Ophiel, se trouuant au Barbiel, en la septiesme maison: & tost apres entrant en la huictiesme menasse les anciens de la fin de leurs iours.

La saison Automnalle commencera le vingt-deuxiesme iour de Septembre, à six heures vingt minuttes, quarante-cinq secondes apres midy, laquelle aura pour ascendant le vingt-troisiesme degré du signe Igné de Malchidiel, dit Aries, parties dite Allolhain par les Arabes, la rendant chaude & humide, variable, & inconstante à son commencement, le milieu froid & sec, qui nous causera de grands tonnerres. Mercure se trouuera dominer à sa fois, il voudra produire quelques effects, d'où ne viendra en effect. Oriphiel & Samael, ainsi appellez en nostre Astrologie diuine; ioinct au Adanachiel, faisant sa renonciation en la neufiesme maison, tombant en la huictiesme, qui nous donnera, à raison des amoureuses coniurations des Astres quelque nouueau changement. Quand à la vendange il en sera assez : Les semences profiteront beaucoup. Sur la fin de ceste année ie void tousiours Saturne fixe en sa maison, qui me fait conclure que ces reuolutions ne se passeront point, que quelques abusez ne se ressentent du reuers de fortune.

PREDICTION THEVRGIQVE,

pour l'année mil six cens trente-sept.

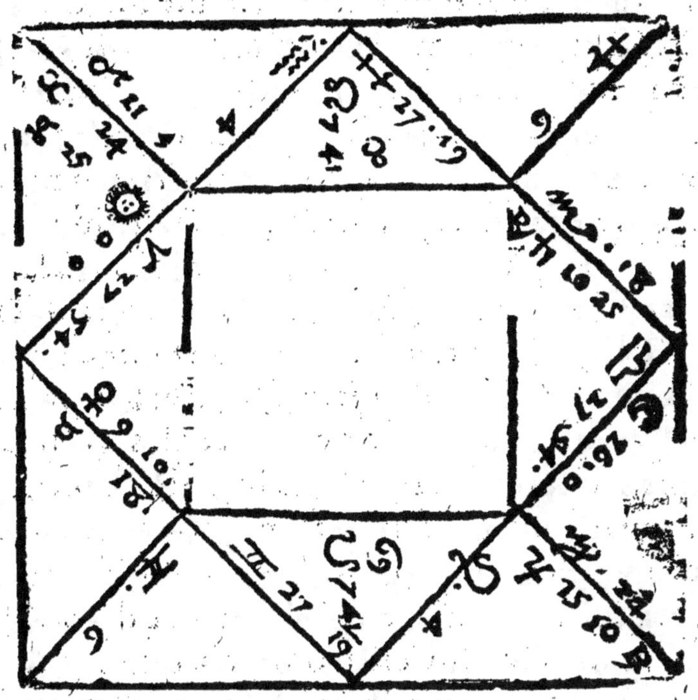

CESTE reuolution du monde denote plusieurs difficultez en ceste premiere Ciuille, gouuernée par la blanche Phebé, Deesse Cilene, ainsi appellée en Astrologie & Aquastique ; & communémont la Lune, dont il semble que par sa nature elle soit nourrie d'humidité terrestre ; dont s'ensuiuera que le commencement de cest Hyuer sera fort fascheux à passer, à cause des grandes neiges & froidures, humiditez qui regneront durant ceste saison, qui sera fort longue, dommageable aux pauures artisans necessiteux ; toutesfois les bleds se porteront fort bien. La belle Anael paroissant

Iors en Orient auec le cœur du Barbiel, & Raphael
venant à se ioindre au meridien auec Michael, dit le
Soleil, & Anael à prendre sa retraicte vers l'Occident,
accompagnée de Muriel, tandis que Cilene sera en son
perigée ; il y a apparence que le temps aura de la peine
à ce changer de son humidité fascheuse, neiges, pluyes
froides. Ses qualitez occultes seront mortifiées: le commencement en sera assez mauuais, & la fin fort maligne, causant grand dommage aux fruicts de la terre : la
conionction de Cilene à Iupiter rasserenera le Ciel,
pour nous le faire voir clair, serain & lucide, auec vn
froid plus picquant de raison : Mars logé en l'Horoscope en vn signe humain, & regardant Iupiter d'vn quart
aspect & la Lune, exciteront vne mortalité. Et comme
dit Leonice, signifie calamitez & perturbations, à cause
de Religion. Albumazar au traicté des grandes con-
ionctions differentes, que Oriphiel, dit Saturne, selon
sa position & authorité signifie maladies longues & an-
nuelles par flux du corps. Ceste reuolution du monde
denote aussi vne mediocrité, abondance de vin, pource
qu'en la partie d'iceluy est trouué au quinziesme degré
des Gemeaux, de laquelle le Seigneur est trouué en la
maison cadente estant bien fortuné; il y aura abondance de bleds & d'huiles, peu de noix, les brebis seront
assez fecondes ; il y aura grand profit sur les moutons:
de long temps l'on peut dire que l'on n'a veu vne année
plus fertille que celle-cy. Il se trouuera en ceste année
que les Roys auront vne beneuolence enuers leurs sub-
jects, lesquels seront ennuyez de voir la peine que leur
maistre préd pour la manutétion & entretien de la paix.
La feinture d'Orion faisant la rouë sur nostre horison,
en dóne bien à penser à aucuns de peu d'entendement.
La saison Estiualle ou Mars dominera sur la partie du

forment, logé en l'angle d'Occident; maison de Iupiter, qui causera plusieurs ruses pour le fait de la guerre. En l'angle de minuict l'on void ce vieil resveur Saturne infortuné en la maison de la belle Gilene, qui nous fera voir des nouuelles nouuelles, pour entretenir nos curieuses promenades.

L'Automnal Equinoxe nous visitera le vingt & troisiesme de Septembre, à six heures dix minuttes, vingt & quatre secondes apres midy, sous le vingt-sixiesme degré, trente-quatre minuttes de Barchiel, dit Pisces; nous ascendant lors le septiesme degré de Malchidiel ou Aries, le sextil de Saturne, l'opposition de Iupiter, & le trigone de Mars semble se faire la guerre, & vouloir oster l'esperance à ceux qui escrasent la teste aux enfans du bon pere Liber, d'en recueillir heureusement le sang; le quadrat toutesfois de Iupiter & de Venus taschera de leur porter ayde, comme aussi celuy de Venus & Mercure, qui pendant ceste saison ne nous menassent d'aucune infortune, ains de faire florir les terres, continuer la paix, fauoriser les mercatures & les biens de la terre.

Le Solstice Hyemal sera en Decembre, le vingt-deuxiesme iour, à quatre heures douze minuttes, vingt-trois secondes apres midy, sous le dix-huictiesme degré, cinquante quatre minuttes de Muriel, ou Cancer, ascendant lors le cinquiesme de Scorpius, le quadrat de Iupiter semble vouloir fauoriser le commencement de ceste saison par vn temps moderé, non trop excellent en froidure; mais l'opposition de Mercure, & celle de Mars tascheront de nous donner des gresles violentes, & neiges froides; aydés à ce par le leuer de Venus, auec la nebuleuse de l'Archer, & de la poincte du Scorpion.

PREDICTION THEVRGIQVE,
pour l'année mil six cens trente-huict.

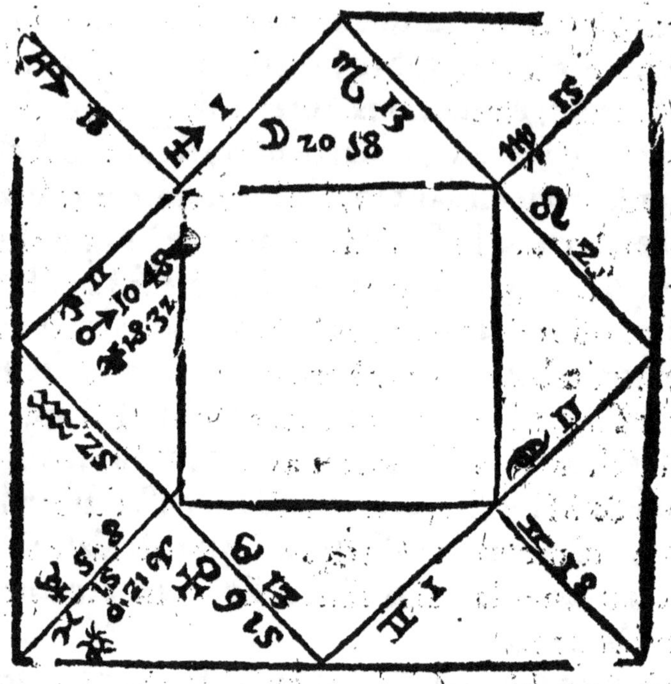

SElon le Dominateur & Gubernateur, il est aisé à iuger de l'année & des accidens futurs, esquels sont pronostiques à arriuer. Or ayant dressé ma figure sur mon eleuation polaire, & en icelle deuëment & meurement consideré, que ceste année à proprement parler, ce gaillard Iouiel, dit Iupiter, sera dispensateur des clefs du mouuement celeste pour ceste presente année, en laquelle il fera paroistre son pouuoir & sa puissance, & fera appeller cestedite année, l'année des merueilles. Ie commenceray par la plus fascheuse saison de l'année qui est l'Hyuer, lequel cómencera l'année precedente,

le

le vingt-deuxiesme iour de Decembre, à quatre heures vingt & quatre minuttes apres midy, ce grand
Apollon entrant au signe du Chevre corne, qui me
fait iuger que le commencement doit estre fascheux,
mal plaisant, ennuyeux & froid, les vents Aquiloniens nous tourmenteront fort, de telle sorte que
les voyageurs seront fort incommodez d'aller par
les campagnes. Mais d'autre costé, i'apperçois vn
grand Capitaine celeste assisté de ses fauoris qui vient
au deuant, afin de brauer Hermes : Quatre petites
Estoilles que i'apperçois du costé d'Orient qui me
font iuger de la serenité du temps, causée d'humidité. Sur la signification de ceste saison Hyemalle par
l'esleuation de l'estoille de Mars sur celle de Iupiter,
quelque grand arbre de la forest de Cilene sera es-
branlé, s'il n'est mis par terre. Le milieu de ceste saison sera humide & generatif des maladies precedén-
tes, recherchant curieusement les chambres du douziesme Palais celeste, en vne desdites chambres i'apperçois deux flambeaux pour esclairer aux Capricor-
niens, qui signifie arriuer trahisons, assassinats, &
conspirations occultes.

Quant à la saison Printaniere ie iuge qu'elle doit
estre à son commencent assez claire, belle & moderée, suiuie de petites bruines quelquesfois, & le plus
souuent. Son milieu s'entretiendra par temperature
inconstante, qui causera des defluxions & catharres,
qui attaqueront les plus hardies & mieux fourrées,
& sera traicté de quelque affaire de grande impor-
tance. Pour ce qui regarde les biens de la terre, les
bleds feront belle monstre.

Pour la saison de l'Esté, i'estime qu'au commencement nous aurons des chaleurs qui nous causeront de

B

grands tonnerres & tempeſtes, qui rafraichiront l'air ſur l'aube du iour, & en apres vn fort beau temps. Les beſtes ſeruant à la vie humaine, comme bœufs, moutons, ſeront ſubjets à maladie.

Quant à l'Automne ſon commencement doit eſtre ſec, tendant à petites gelées, ſuiuies de broüillards & vents tempeſtueux, qui cauſeront la perte des vaiſſeaux ſur mer. Ie croy qu'en ceſte ſaiſon il apparoiſtra quelque Comette, ou bien quelque ſigne en l'air. Mercure au deuxieſme Palais celeſte auec le Soleil, nous promettent & aſſeurent ioye, & toutes ſortes de contentements. Mais tout auſſi-toſt le Pere Michael dit le Soleil, entre dans vne maiſon dans laquelle il reçoit vn grand meſcontement, parquoy ſes influences ne ſeront ſi fauorables comme i'eſperois auparauant. Quelque ſecte de Religion ſe voudra mettre en campagne, mais le Renard ſe trouuera pris.

<hr>

PREDICTION THEVRGIQVE,
pour l'année mil six cens trente-neuf.

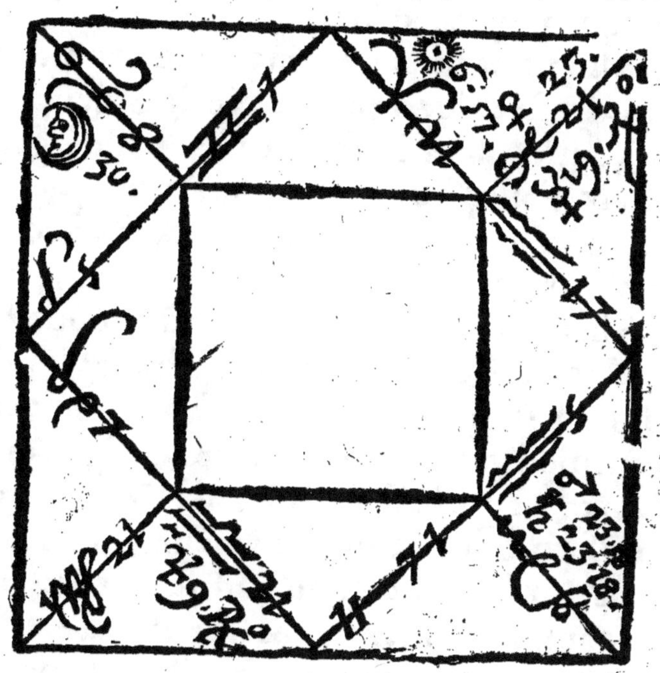

SVivant nos fupputations ordinaires, fous l'efleua-
tion du pole Artique depuis le quarante-cinquief-
me degré iufques au cinquante, ie defcrirois fommai-
rement la difpofition de l'air par les influences celeftes. Commençant par la faifon Hyemale, qui a prins
fon commencement le ving-quatriefme iour de Decembre de l'an paffé, à fix heures vingt-quatre minuttes du matin, la belle Anael dite Venus, Dame de
l'afcendant, fe promet faire des merueilles, me faict
iuger que le temps d'Hyuer fera plus fec qu'humide,
d'autant que Michael, dit le Soleil, fera peu efloigné

de Gabrielle, dite la Lune, ainsi appellée par nostre Astrologie diuine, nonobstant toute la malice du temps & diuerses mutations par vents, neiges, glaces, & pluyes froides. La Lune embrassât le pere de lumie- de bonne grace, laquelle moderera les mauuais desseins: toutesfois l'Hyuer sera assez long, mais non pas si froid que le precedent.

Le Printemps suiuant le iugement tiré de la figure celeste, dressée alors de l'entrée du Soleil au signe du Belier, qui causera la saison estre belle, gaillarde & douce, & d'assez bonne temperature, auec quelque fois de l'humidité, suiuie de vents assez froids causées du Septentrion.

Touchant la Carte Estiuale, il se trouue & l'apparence estre telle, qu'elle commencera le vingt-deuxiéme iour de Iuin à sept heures seize minutes du matin, le Soleil faisant son entrée au signe de Muriel, dit Cancer, en chassant la Dame Venus, qui depuis peu a esté en opposition à ce maling planette Mars, qui nous donnera la disposition de cest Esté, estre telle que le commencement, qui sera chaud extraordinairement. Son milieu sera encor plus chaud, qui sera cause que les corruscations & tonnerres seront aussi frequents qu'ils ont esté d'aage d'homme, tendant toutesfois à quelques rosees fraisches, qui sur la fin du mois d'Aoust ou au commencement de Septembre, se resoudront en pluyes & brouillards. Pour les biens nous en aurons suffisamment, sauf la seicheresse qui dominera. Mars en sa neufiesme maison celeste, menasse quelque criminel. Saturne en sextil regarde Mercure, qui me faict iuger quelque nouuelle pacification.

Restant maintenant à discourir sur la saison de

l'Automne, elle doit estre froide, seiche, auec brouïllards suiuies de legere pluyes, quelques fois aussi la
chaleur dominera, la retraicte du Soleil & de Mercure en vne mesme maison, causeront nouuelles ad-
ministrations aux charges publiques, la faueur sera
grandement requise. Ce fruictier Automne ne manquera de commencer à nous impartir les effects de sa
saison susdite, le vingt-deuxiesme iour de Septembre
à trois heures apres midy, au vingt-neufiesme poinct,
vingt-trois minuttes de la Balance. Ie fuiray prolixité.

PREDICTION THEVRGIQVE,

pour l'année mil six cens quarante.

L A position du Planette au Ciel, & le lieu où chacun d'eux se trouuera à l'heure que le Prince des
Muses, ce grand œil du monde, & la clarté de l'Vniuers, Apollon donnera commencement à cet an, lors
qu'il fera son entrée au signe de Bouc, qui fut au mois
de Decembre de l'an precedent, Oriphiel & Raphael
seront les Gouuerneurs, & auront les clefs du Ciel
ceste presente année, qui causera les causes secondes,
agir diuersement les Planettes, estant en bon ou mauuais estat, nous rendant le temps inconstant par vents
froids, chargé de brouïllards, & en apres continuant
par gelées blanches & noires, sur le milieu nous pour-
rons auoir vne agreable temperature, qui nous en-
gendrera des maladies estranges & de difficiles cures,
qui arriueront par la constitution de Mercure ou
Raphaël. Les fruicts de la terre souffriront, leur res-

sentant de ceste année Bissextille : la fin sera plus douce que le commencement, pour le raprochement du Soleil, Haly dit que l'on se diuisera pour la Deesse Tircina, Iupiter ayant quitté son domicile pour faire place à Mercure en la neufiéme maison celeste, signifie comme dit Paracelse, que la plus-part des subjets au signe du troisiesme quadrangle s'adonneront à la deuotion & frequentation des Eglises : mais regardant plus outre, ie considere les seigneurs dominant en la deuxiesme maison faisant les funerailles d'vne ieune Dame celeste, dont l'on void tous les Astres en porter le deuil. Ambriel, dite par nos doctes anciens Alcaye, à Iupiter se trouue au dix-huictiesme degré : maison succedente porte d'enfer, qui enflera encore les biens & honneurs de quelques-vns. Mais Mars en l'ascendant ou à l'instant que le Soleil entre en Aries, & luy au Taureau, comme voisinant la douziesme maison, qui sont les prisons, ioye de l'Ophiel Saturne, où se trouue le Soleil & Mercure, me represente quelque infortune. Et ledit Saturne ne pouuant s'accorder auec Anael gouuernante & despenciere de la faculté produite & generatiue, luy pourra donner quelque empeschement à retarder ses bons effects, par certaines meschancetez qui pourront empescher l'aduancement des fruicts, mais d'autant qu'elle se trouue fortifiée par quelques bonnes Planettes, pourra resister à son mauuais dessein.

Or à peine serons nous sortis de la saison Printaniere, que nous entrerons en la saison Estiualle le vingt-deuxiesme iour de Iuin, lequel sera fort inconstant, la Deesse Venus & Mercure se trouuant au Septentrion, nous presagent des pluyes par contrées, sur le milieu au leuer de la Canicule, nous produira de grandes

chaleurs, qui engendront des fievres chaudes & contagieuses. Saturne seigneur de l'ascendant de la figure,
promet ennuis & tristesses à plusieurs, Mars trouué
en l'angle Oriental, voudra monstrer ses effects.

Le plantureux Automne commencera le vingt &
troisiesme iour de Septembre, lors que le Soleil entrera au signe de Zuriel, ou Balancier, qui nous fera
voir du commencement vn temps assez gaillard, mais
ce beau temps durera peu : Car incontinent Iuno
commencera à pleurer abondamment, qui ne retar-
dera les biens de la terre de leur maturité. Nous aurons sus la fin de ceste saison l'opposition de Saturne
à Venus, qui nous signifie debats & dissentions.

PREDICTION THEVRGIQVE,
pour l'an mil six cens quarante & vn.

CEST an mil six cens quarante-vn, prendra son
commencement au iour point & heure que Phœbus entrera au dixiesme degré, trente-vne minuttes,
vingt-vne secondes du signe du Verseur d'eau, il fera
commencer l'année par la continuation de l'Hyuer
de la precedente, qui de sa nature froide & humide,
nous causera des pluyes froides, neiges, verglats, giboules venteuses, & vne constitution de temps si mal
plaisante que rien plus. Les sextils de Venus ou Anael,
Mercure, les trigones de Saturne à Venus, outre les
hexagones de Iupiter à icelle, le leuer de Saturne auec
la derniere ceinture d'Orion, & le coucher d'iceluy
auec l'Hydre, nous font predire encore quelques mu-

B iiij

tineries. Le Soleil fontaine de lumiere, conseruateur
de la nature, lequel de son authorité voudroit bien
nous fauoriser, comme grand maistre de la trouppe
erratique, mais ne pourra auoir le credit ny la puissance, d'autant que ses rais ne pourront paruenir iusques
à nous. Ce qui rendra les biens terriens de moindre
quantité, & ce sera cause de les mettre à haut prix le
bled seigle & forment. Le germain des Muses vain-
queur de Python, cest œil du monde, qui de ses rayons
de ces cheueux dorez, nous influë ses naturelles chaleurs, voulant obseruer ses naturelles courses, donnera commencement au gay & amoureux Printemps,
alors qu'il touchera le premier poinct d'Aries, le
deuxiesme Mars à sept heures apres midy, qui nous
fauorisera de ses carresses accoustumées, & selon le
calcul que i'ay faict de ceste saison, ie trouue la belle
Anael en l'angle Oriental auec Misael, nous sera courtoise & fauorable, & nettoyera l'air des maladies, que
la corruption d'iceluy pourroit causer aux mortels.
Mais la seconde maison celeste occupée par Iupiter
infortuné auec les gemeaux, dits Ambriels, nous promet que quelqu'vn sera priué de ses biens. Les sextils
& quadrats de quelques Planettes, promettent aux
vns du bien, aux autres du mal, selon que leur naturel
l'influë. Ceste saison sera plus plauieuse que seiche,
vents impetueux pour les biens.

Ce grand ioüeur de Harpe, celuy qui autrefois es-
corcha le Satyre Marsias, voulant obseruer ses ordinaires courses, fera sortir ses chaleurs auec Phœbus le
vingt-vniesme iour de Iuin, à trois heures quatre minuttes, vingt-sept secondes apres midy, au premier
poinct vnze minutte du Cancre, ayant pour lors ledit
signe d'ascendant. Les oppositions de Iouiel à Samael,

semble nous vouloir causer à ce commencement de l'Esté quelques tonnerres, foudres & pluyes chaudes. Le Ieuer de Mars auec la grande Chiene celeste, ne nous incitera que des chaleurs insupportables & violentes, qui nous ameneront plusieurs maladies contagieuses. Il est tres-certain qu'il ne faut point irriter les Guespes, s'il n'en veut ressentir, mais au vif la pointure de plusieurs. Venus despensiere de ceste saison, Saturne n'estant point bien d'accord auec elle, l'empeschera du tout ses bons desseins, par certaines meschancetez, qui pourront empescher l'aduancement des fruicts & biens terriens, tellement que ceste année est quasi appellée année de la charté: Si Iupiter le beneuole n'empesche la malice de ces Planettes, comme il s'y efforcera du tout auec ses forces.

Le pere de Phaeton fils de Latone, lampe du Ciel inextinguible, visitera nostre Automnale Equinoxe le vingt-troisiesme iour de Septembre, à deux heures quarante-deux minuttes apres midy, au premier point cinquante-deux minuttes du signe de Zuriel. Les sextils de Ophiel, à Iophiel, causeront quelques pluyes à ce commencement, cè qui est confirmé par l'Asne Austral, auec lequel Ophiel se couche. Toute ceste saison sera mal plaisante & pluuieuse, & se sentira de la suiuante qui est l'Hyuer, qui donnera fin à ceste année.

Discours des choses memorables qui nous sont figurez aduenir en l'année mil six cens quarante-deux.

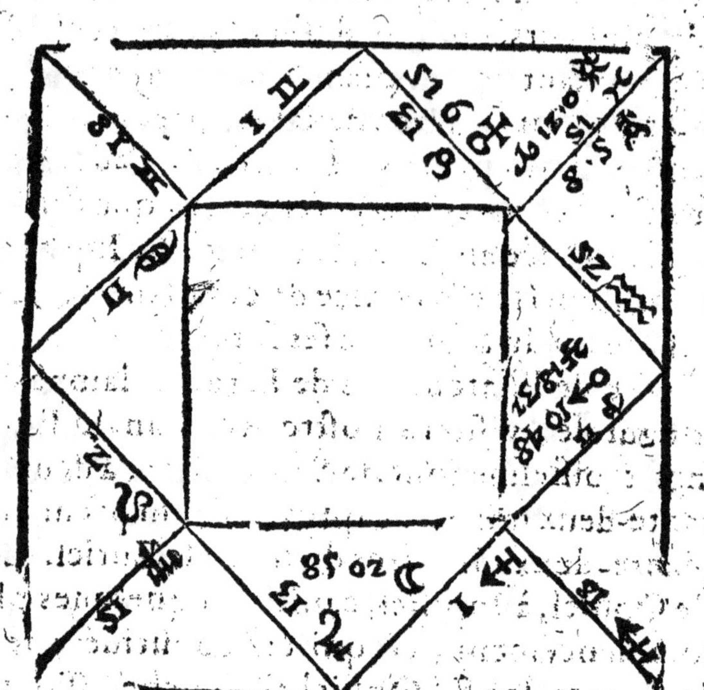

CEst an mil six cens quarante-deux, prendra son
commencement au iour poinct & heure que
Phœbus se trouuera en la figure anniuerselle de ceste
presente année, dedans le quatriesme Palais celeste,
qui toutesfois finissant son gouuernement le donnera
à ce petit Iupin, lequel en fera fort bien son deuoir,
tout ioyeux de ceste bonne rencontre, donnera ré-
iouyssance au peuple au commencement de cest an,
d'autant que toutes les malices des Planettes des

années passées sont à bout de leurs cours. Bacchus &
Ceres auront le sceptre en main, qui donneront des
biens à milliers. Ce grand ioüeur de Harpe Marcias,
voulant obseruer ses courses ordinaires, passera par le
Verseau, qui fera commencer l'année par la continuation de la saison Hyuernalle de la precedente, qui de
sa nature froide & humide nous causera des froides
pluyes, neiges, verglas, giboules venteuses, & vne
constitution de temps si mal plaisant que rien plus, ie
ne dy pas qu'il ne se rencontre quelques beaux iours
doux & paisibles pour resiouyr vn peu ceux qui auront esté vn peu mauuais mesnagers de faire prouision de bois. Les sextils de Venus à Mercure, les trigones de Saturne à Venus, outre les hexagones de
Iupiter à icelle, le leuer auec la derniere ceinture d'O-
rion, & le coucher d'iceluy auec l'Hydre, nous font
predire encore quelques mutineries, querelles &
proces; Les petits poissons seruiront de pasture aux
grands. Mars retrogradant en l'horoscope de ceste
nouueauté faict souffler les vents, dont on dira que
Æolus sera Empereur de la mer.

L'entrée que le Soleil fera au premier point d'Aries
le deuxiesme Mars à sept heures apres midy, fera aussi
entrer en regne le fleury Printemps, qui nous fauorisera de ses carresses accoustumées, & selon le calcul
que i'ay faicte de ceste saison, ie trouue Venus en
l'angle Oriental auec le Taureau, nous sera courtoise
& fauorable, & nettoyera l'air des maladies que la
corruption d'iceluy pouuoir causer aux mortels, toutesfois Venus se trouuant en la partie Septentrionalle
nous causera quelquesfois vn temps triste par pluye
fascheuse, ou neige, & gresil. Les sextils & quadrats de
quelques Planettes promettent aux vns du bien, aux

autres du mal, selon que leur naturel l'influë. Son milieu tiendra de la mesme constitution, se monstrant autant bigarré que iamais : Et sa fin sera fraische & sombre, suiuie d'vne douce temperature. Les bleds de ceste année seront tresbeaux, comme aussi toutes sortes de fruicts, reserué ceux qui seront tendres à la gelée.

L'Esté fera sortir ses chaleurs auec Phœbus le 21. iour de Iuin, à trois heures quatre minuttes vingt-sept secondes apres midy, au premier poinct vnze minuttes du Cancre, ayant pour lors ledit signe ascendant. Les oppositions de Iupiter à Mars me semble nous vouloir causer à ce commencement quelques tonnerres, foudres & ployes chaudes. Le leuer de Mars auec la grande Chienne celeste, ne nous incitera que des chaleurs insupportables & violentes, qui nous ammeneront plusieurs maladies contagieuses, la cueillette des foins sera tresbonne. Son milieu sera suiuie d'vne grande chaleur touffante, qui amenera des fulgurations & ployes, & apres l'air se rendra muable & inconstant. Pour sa fin ie trouue qu'elle sera sombre, maussade, tendant à chaleur auec inflammation externe, suiuie de vents impetueux, qui esleueront des tourbillons qui feront grands degasts. Mars en ceste disposition, faisant mauuais traictement aux femmes, ie doute que par squinances il n'en enuoye quelques-vnes au tombeau.

L'Automne commencera le vingttroisiesme iour de Septembre à deux heures quarante deux minuttes apres midy, au premier poinct cinquante deux minuttes du signe de la Balance. Les sextils de Saturne à Iupiter causeront quelques ployes à ce commencement, ce qui est confirmé par l'Asne Austral, auec

lequel Saturne se couche. Son milieu sera frais à bon
escient, produisant gelées matutinales aues orages,
vapeurs humides & bruines, suiuies de neiges en quelques endroicts. Sa fin nous amenera vn temps froidureux, couuert, pluuieux, & grandement inconstant:
Toutesfois les Astres nous promettent que ceste année se passera sans aucunes infortunes, & les Astres
influeront sur nous assez mediocrement.

PREDICTION THEVRGIQVE,
pour l'année mil six cens quarante-trois.

PAR le rencontre & disposition des Astres au Ciel,
à l'heure de l'entrée du Soleil au my-bouc en la
figure celeste dressée sur la saison Hyemale, qui commencera sur la fin du mois de Decembre passée 1642.
Ie trouue que son commencement doit estre plus
doux que le precedent, comme ie l'ay peu colliger de
l'Astrologie iudiciere permise, les eaux plus grosses
que de coustumes, vers la fin de Ianuier l'air se doit
reseruer, voire tellement refroidir, qu'il pourroit estre
estimé des tendrelets pour vn grand Hyuer, mais
comme i'apperçois la Deesse des cens puissances se
recréer auec l'Aigle, joinct auec les gracieux aspects
de toute la gendarmerie celeste.

Le gay & beau Printemps se doit monstrer plus
doux, combien qu'il y aura des neiges & gresles tres-
importunes du commencement, i'apperçois pour
ceste quadrature Printaniere que ce Cheualier celeste
Ehenolh Prince de l'horoscope faict le maistre, braue

Nenen fils de Hebechab pour certaines considera-
tions, que si l'espy de la belle Anael n'y met ordre les
biens terriens auront à souffrir. Son milieu tiendra de
la mesme constitution, se monstrant autant bigarré
que iamais, pource que tantost il nous donnera des
humiditez grandes, auec vents, neiges, & vapeurs
aquatiques, amenant de la pluye, & paraduenture de
la neige, tantost vn beau temps gaillard autant qu'on
puisse demander selon la saison: Et sa fin sera fraische
& sombre, d'où naistront des vents qui ameneront de
legere pluye, suiuie d'vne douce temperature. Les
Eclipses des années precedentes en broüilleront les
esprits de quelques espineux, dont les termes de
l'Astrologie me font garder le silence. En ce quart
ceux qui traffiqueront des espiceries & soyes, feront
vn merueilleux profit, les maladies contagieuses tien-
dront encor place en quelques lieux de la France.

Quand à la saison Estiualle, i'estime qu'elle ne sera
tant chaude que la precedente, ains soufflera fort
souuent vn vent d'Occident nommé Auster, amenant
grandes pluyes, nourry de grosses nuées, & si engendront la peste en quantité de maladies; les bleds seront
d'aussi bon reuenu que la precedente année, toutesfois en aucuns endroits il y en aura qui contrediront.
Pour sa fin ie trouue qu'elle sera sombre, maussade,
rendant à chaleur, auec inflammation extréme suiuie
de pluye, tonnerres, esclairs, & vents impetueux qui
esleueront des tourbillons, & causeront de grands
dommages par orages.

Quand à l'Automne, ie dirois que par ma specula-
tion ie trouue que du commencement il sera assez
bien trempé: mais sur la fin il se pourra nommer à
bon droict Hyuer, pour les difficultez qu'il donnera

aux fidelles moiſſonneurs de Bacchus, qui feront leur
deuoir d'employer leurs ſerpettes à coupper les au-
reilles aux morres. Quand à ce que me preſage l'aſcendant de ceſte horoſcope annuelle, ſelon Haly & Albumazar, qu'il y aura touſiours du remument. Iupiter au
quatrieſme Palais celeſte, faiſant maigremine à Hene-
lec, au ſeptieſme me monſtre beaucoup de choſes à
conſiderer, que ie laiſſe au bout de ma plume. Son
milieu ſera frais à bon eſcient, produiſant des gelées
matutinales, auec orages, vapeurs humides, & bruines, ſuiuies d'vn peu de neiges en quelques endroicts,
& autres ſemblables maligne conſtitution d'air & de
temps : Et ſa fin nous amenera vn temps froidureux,
pluuieux & couuert, grandement inconſtant.

PREDICTION GENERALE,
pour l'année mil six cens quarante-quatre.

LE porte-faux eſtant ſeigneur de la preſente année, Capitaine de toute l'infanterie celeſte, comme ſouuerain & plus haut logé, fera participer ceſte
année de toutes les ſaiſons de ſa qualité; & pour ceſt
effect nous donnera pour commencement d'année
vn Hyuer tellement froid, qu'à bon droict on le
pourra nommer grand Hyuer, tant pour la durée
d'iceluy, & grands froids, neiges, verglats, que vents
tempeſtueux, qui ameneront quantité de pluyes qui
dureront enuiron iuſques à la my-Mars. Le vent
Septentrional ſoufflera à iouës enflées, on recognoi-
ſtra l'humeur des ſages & des fols, des ſages parce

qu'ils n'effectueront le mal sur leurs ennemis, ce qu'au contraire le fol voudra sans auoir puissance de nuire. La fin de ceste saison ne sera pas sans gelée, Dieu nous vueille preseruer des mauuaises constellations que les Astres nous menassent par sa diuine bonté. Ce quart hyemal sera grandement contraire à la ieunesse, d'autant que les fievres tierces, & quartes, voire continuës, regneront & feront infinis degasts des hommes & femmes ieunes. Sur la fin les biens de la terre feront belle monstre, comme plus à plain on pourra remarquer & recognoistre en la saison suiuante.

En la continuation de cest an, l'Hyuer cedera au gay Printemps, lequel pour nous monstrer qu'il aura prins son commencement le vingtiesme de Mars, à sept heures vingt-six minuttes selon Copernic, apres midy, commencera d'orner la Dame Tellure d'vne robbe verte, esmaillée de mille couleurs, & brodée de mille fleurs. Les oppositions de Iupiter, Mars & Venus, seront aucunement propices pour l'aduancement des biens de la terre, le commencement de ceste saison doit estre fort adonnée à humidité & obscurité. Les vents d'Eurus auec celuy d'Aquilon souffleront le plus souuent, ce qui les fera tourner au beau approchant de sa fin, Venus & Iupiter trouuez au signe d'Aries en la septiesme maison celeste, maison des ennemis, qui est l'angle Occidental causera quelques emotions en ceste saison, le labeur du pauure peuple sera à bon marché, l'huile, le vin & chanvre seront assez requis.

Suiuera nostre chaleureux Esté, & fera son entrée le vingt-vniesme de Iuin, à trois heures vingt-deux minuttes du signe du Cancre, sous l'ascendant dixiesme degré du mesme signe, le leuer de Mars auec la

ceinture

ceinture d'Orion, qui me font iuger que ceste saison sera à son commencement venteuse par vn vent de bize, ayant au reste vn air bien temperé & sain. Son milieu sera adonné à tonnerres : & sa fin assez mal plaisante durant ceste quarte Estiualle, Iupiter promet que la iustice sera assez bien obseruée.

Nous reste maintenant à discourir du fructueux Automne, lequel tiendra tout a fait de ses qualitez, sçauoir d'estre adonné à pluye & vent frais, & commencera durant icelle à geler & neiger de bonne heure : touchant les maladies, regneront douleurs de teste auec rheumes, catharres, toux, & grands crachemens de sang, qui auront lieu entre les ieunes personnes. Les arbres rendront beaucoup de fruicts. Quant aux biens terriens seront en assez haut prix : les bleds en plusieurs endroicts seront gastées & corrompuës, la vinée sera aussi petite. Nous sommes menassez de feu du Ciel, grandes inondations d'eaux auec desbordemens de riuieres.

PREDICTION THEVRGIQVE,
pour l'année mil six cens qurante-cinq.

LEs Anciens Romains, desquels nous tenons les Loix & le Calendrier, ont diuisé l'an en quatre quartiers ou temps. La premiere commence à l'Equinoxe vernal, le vingt-cinquiesme iour de Mars. La seconde au Solstice d'Esté, le vingt-quatriesme iour de Iuin. La troisiesme à l'Equinoxe Automnal, le vingt-quatriesme iour de Septembre. Le quatriesme Solstice

d'Hyuer, le vingt-cinquiefme iour de Decembre. Et
outre ces quatre-temps, ils nommoient encores quatre autres parties de l'an ou faifons, à fçauoir le Printemps, l'Efté, l'Automne, & l'Hyuer. Les commence-
mens d'icelles ils les mettoient au milieu de ces quatre parties : Ils prenoient le commencement du re-
nouueau au Printemps au milieu de la quarte, qui eft
depuis la brune ou Solftice d'Hyuer iufques à l'Equinoxe vernal, auquel temps les doux Zephires vents
Occidentaux commencent à fouffler, & le froid à fe
relafcher. Le commencement de l'Efté ils le mettoient
au milieu de la quarte, laquelle eft depuis l'Equinoxe
vernal iufques au Solftice d'Efté, à fçauoir fur la my-
May ou enuiron ; auquel temps les douces pleiades &
hiades au figne du Taureau, que le commun appelle
les eftoilles de la Pouffiniere, commençant à fe leuer
& coucher auec le Soleil. Ils mettoient le commencement de l'Automne au milieu de la quarte, qui eft depuis le Solftice d'Efté iufques à l'Equinoxe Automnal,
à fçauoir fur le neuf ou dixiefme du mois d'Aouft,
auquel temps tout eft prefque deffeiché d'humeur, ils
commençoient l'Hyuer au milieu de la quarte, laquelle eft entre l'Equinoxe de l'Automne & le Solftice de l'Hyuer, à fçauoir le dix ou vnziefme iour de
Nouembre, auquel temps lefdites eftoilles pleiades fe
couchent au matin, le Soleil fe leuant, & redonnent
des pluyes pour l'arroufement des nouuelles femen-
ces & de la terre. Ainfi les anciens Romains diuifoient
l'an fort à propos en huict parties, ce que nous deuons auffi faire à la verité. Ainfi le Printemps nous
commencera fur le commencement de Feurier, que
la terre commence à pulluler, & le froid à relafcher, &
nous durera iufques fur le commencement de May,

auquel temps l'Esté succedera iusques sur le commencement d'Aoust, & là nous commencera l'Automne,
& nous durera iusques sur le commencement de Nouembre, qui nous sera le commencement de l'Hyuer,
qui nous durera iusques sur le commencement de
Feurier.

Quand au Printemps, lequel de sa nature doit estre
chaud & humide, tenant de la qualité sanguine en son
commencement, il tiendra encore de la qualité de
l'Hyuer froide & humide : mais son milieu qui est à
l'Equinoxe vernal, il tiendra plus du chaud & de l'humide, comme il nous est demonstré par la figure du
Ciel de l'entrée du Soleil au signe du mouton celeste,
laquelle sera ceste année le vingtiesme iour de Mars,
à huict heures vingt-six minuttes apres midy, nous
montant le vingt-sixiesme degré du signe de la Balance, où Saturne se trouue en aspect au Soleil, & ainsi
est veu par sa malice l'infortuner. Mars aussi le malin
est veu infortuner la Lune par sa conionction auec
icelle, lesquels grands luminaires estans ainsi fortu-
nez, sont veus denoncer plusieurs maux & incommo-
ditez au genre humain.

Touchant la saison de l'Esté, le Soleil fontaine de
chaleur & de lumiaire, fera son entrée au premier
poinct du signe de Cancer, le vingt-vniesme iour de
Iuin, à six heures trente-sept minuttes apres midy,
montant sur nostre horison le dixiesme degré du signe
du Sagitaire auec le malin falcigeré, retrogradant par
le vingt-deuxiesme degré d'iceluy en l'opposition de
Mars conioinct auec sa bonne amie Venus, lequel
Mars dominateur de ceste saison, à bonne intention
de nous rostir, & mesme les Dames Tellure & Ceres
par son chaud & sec ardant, toutesfois les pluyes

orageuſes & impetueuſes ne defaudront point, non plus que les fievres ardantes & billieuſes.

Pour la ſaiſon Automnalle, elle prendra ſon commencement le vingt-quatrieſme iour de Septembre, à huiĉt heures cinquante-vne minuttes du matin, le clair Phœbus fera ſon entrée au ſigne de la Balance, qui nous denotent de ne pas laiſſer Meſſieurs de la Medecine en repos, pour la quantité des maladies qui regneront en ceſte ſaiſon : ſon milieu ſera chaud, vain & moleſte, traiſnant vne touffeur faſcheuſe. Sa fin nous doit continuer les chaleurs tres-vehementes, qui eſbranleront la bouteille du bon pere Bacchus.

Pour l'Hyuer, fera ſon entrée au premier poinĉt du Capricorne, le vingt-deuxieſme iour de Decembre à vne heure ſix minuttes apres minuiĉt, nous montant la ſeconde face du ſigne de la Balance auec Mars, logé en l'aſcendant principal lieu de la figure, qui nous menaſſe encores de mal, & Saturne l'accompagnant durant les ſignes hyuernaux, n'a pas intention que nous donner vn froid gelif, & preſque inuſité. Toutesfois Mars le chaleureux, principal dominateur & en ſextil aſpeĉt à Saturne, eſt veu moderer par ſa chaleur la frigidité. Sa fin ſera plus moderée que le commencement, ny le milieu. Icy les maladies hyuernales, comme fievres, doubles, quartes, quotidiennes, & pleureſies, donneront pluſieurs choſes à penſer à Meſſieurs les Galeniſtes & Eſculapes, & encores plus les plus pauures patiens.

PREDICTION THEVRGIQVE,
pour l'année mil six cens quarante-six.

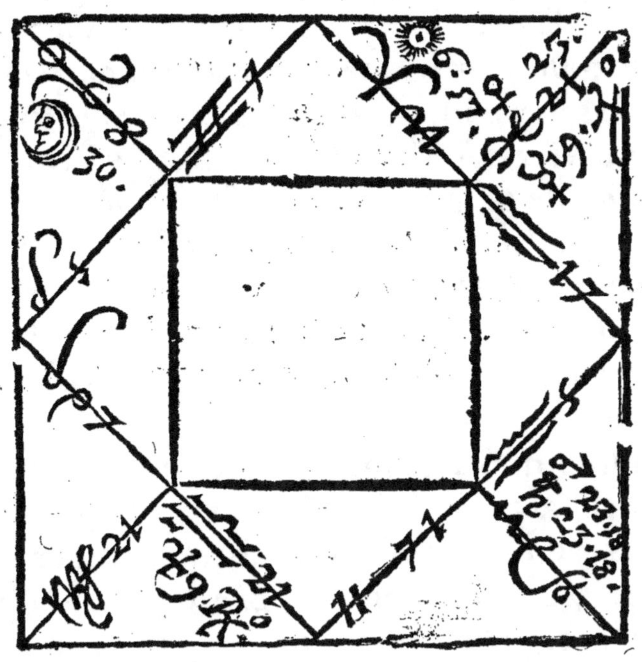

ENcore que le Soleil par son continuel cours cir-
cuise la terre vniuerselle d'vn regulier mouuement, si est-ce que par chacun an il diuersifie son chemin, qui cause icy bas diuers effects aduenir, comme
il se pourra voir en cestedite année, qui nous denotent
l'Hyuer, qui prin son commencement au mois de
Decembre de l'an passé, par l'entrée du Soleil au signe
de Malchidiel, lequel sera plus humide que sec, par
vents, broüillards, auec diuers & fascheuse constitution, non sans neiges & froidures hyemales, cecy ad-
uiendra à son commencement. Son milieu plus sec, &

C iij

la fin plus humide: Regneront pour la grande varieté de l'air quantité de maladies, dont deslogeront quantité de vieilles gens. Proserpine tenant la bride à Æolus, sera cause de nous troubler l'air, pour nous faire voir pour la pluspart vn Ciel voilé, & la terre blanche comme neige; puis la Lune portant vne gaillarde embrassade de la part de Saturne, nous donnera quelque douceur pour l'entrée, ie ne puis tenir de declarer cest an, l'an des merueilles. Par mes nocturnes vigilations ie void vn Marcial estre deceu, & que Proserpine ne soit cause que Mars se messe de ses menées, car Iupiter contient l'œil, il n'y sera bon pour l'vn ny pour l'autre, car quand Alagor voudra rougir, il se retirera de Nelas, où il s'en trouuera en peine. Les coliques passions & fievres prouenantes de melancolie, seront en regne.

Il semble qu'au Printemps de ceste année le temps se rendra chargé, humide, & vacillant, tantost à douce temperature, & tantost à fraischeur, bruines & giboulées. Les diuers euenements & aspects de Iupiter, la Lune & le seigneur Demogorgon, me font iuger diuers accidents tomber sur nous : Son milieu sera venteux & obscur, auec bruines, pluyes, neiges, ou gresil; sa fin tiendra à vne douceur agreable. Les Hiboux se retireront, les Medecins courront par les champs.

Touchant la saison de l'Esté, par mon calcul ie trouue apres auoir tourné ma sphere & l'auoir consideree de mon œil Astronomiq, que le cómencement d'iceluy sera fort turbulent, meslé de quelques humiditez & variations, tendant tantost à quelque douceur, & tantost à froidure. Le milieu de ceste saison se monstrera inconstante, & sa fin doit estre pluuieuse, chaude & maussade, non pourtant sans gresle & orages.

Quand à la saison du fruc̈tueux Automne, ie iuge
que son commencement doit estre chargée d'obscuritez, nielles & pluyes, en apres tendant à quelque moderation : car ie void le sextil de Saturne, l'opposition
de Iupiter & le trigone de Mars semble se faire la
guerre, & vouloir oster l'esperance à ceux qui escrasent la teste aux enfans du bon pere Liber, d'en recueillir heureusement le sang. Le quadrat de Iupiter &
de Venus, taschera de leur rompre leur dessein, comme aussi celuy de Venus & de Mercure, qui pendant
ceste saison ne nous menassent d'aucune infortune,
ains de faire florir les terres, & continuer vne bonne
paix.

PREDICTION THEVRGIQVE,
pour l'année mil six cens quarante-sept.

L'Hyuer qui en ceste année marche le premier en
ordre des quatre saisons, prendra sa naissance l'année precedente le vingt-deuxiesme de Decembre, à
quatre heures douze minuttes apres midy, & se trouuera gouuerné par Venus Dame de l'ascendant, ainsi
que la figure le demonstre, où l'on peut recognoistre
comme à veuë d'œil, que nous aurons vn Hyuer froid
& sec, long & fascheux, encores qu'à mon aduis, il ne
tombe si grande quantité de neiges que l'an passé, ny
ne sera de si longue durée sur la terre, toutesfois parce
que Venus est Dame de l'ascendant, se trouuant en
bonne intelligence auec Saturne, il semble que le
temps se doiue tenir pour la pluspart couuert, som-

C iiij

bre, pluuieux & melancolique, dont l'on s'en ennuyera & plaindra, fors ceux qui font leur profit de la defpoüille de toutes fortes d'animaux, amis & ennemis indifferemment, car tant moins le Soleil luira fur terre, tant plus il luira en leur bourfe.

En la conionction de ceft Hyuer cedera au gay Printemps, lequel pour nous monftrer qu'il aura prins fon commencement le vingtiefme iour de Mars, à fept heures vingt-fept minuttes apres midy, commencera d'orner la Dame Tellure d'vne robbe verte, efmaillé de plufieurs & diuerfes couleurs. Iupiter en domination nous promet quelquesfois des vents Meridionaux, qui nous mitigerons la rigueur de la froidure. Saturne entreprenant la fuperiorité de l'air, voudra que le tout aillent à fa mode, cependant auec fon humeur reuefche & mal gracieux, il permettra par l'entremife d'Oriphiel, que les fruicts de la terre feront bien nourris & conferuez, au grand contentement des laboureurs, & en ce temps fe feront de grandes refiouyffances. Quelques edifices font menaffez de feu, ou autre accident, ce qui m'eft fignifié par Atropos, pour eftre grandement incommodée de domicile. Iupiter fe trouuant en exaltation, fera triompher l'Eglife Romaine.

Quand à la faifon de l'Efté, elle fera tellement chaude du commencement, que difficilement elle fe pourra paffer fans de grandiffimes maladies, & quelque Mercurialiftes trouueront tant & tant de difficultez en leurs deffeins & entreprifes, qu'ils courront hazard d'eftre incarcerez, ie vous laiffe à confiderer la fin de leurs miferes: La Deeffe des Chaffeurs retournant du tiers afpect de Samael, & le fextil d'Oriphiel, promet quelques nouuelles nouuelles, quelques Magistraux Meridionaux donneront grandement à penser aux humains. Le Ciel sera temperé & profitable aux biens de la terre par vn beau temps, clair, serain, chaud, luisant & beau. Et vers le commencement de Iuillet le bled abaissera de prix. Les pays situez au troisiesme quadrangle du Zodiaque seront subjets à de grandes aduersitez. Les vendanges seront communes aux moindres lieux, & fort belles en d'autres, & pour la bonne assistance des Planettes, conioincts diametralement à l'Espy de la Vierge, ou peu s'en faut ; La marchandise sera fort requise, & principalement celle de cuir, le voide & autres teintures seront à bon marché, & grandement profitables, les foins & fourages seront bons & profitables, & à iuste prix ; Toutes sortes de salines seront bonnes, & requises. Les animaux seruant à la vie humaine auront grandement à souffrir, non pour la faute des bonnes herbes qui seront ceste année, mais par autres inconueniens, & fera bon en vendre de bonne heure, propre à aduertir le Laboureur.

PREDICTION THEVRGIQVE,
pour l'année mil six cens quarante-huict.

IE desire commencer l'arriuée de ceste année par le commencement de ceste saison Hyemale, qui sera le vingt-quatriesme de Decembre l'année precedente, combien que selon l'Astrologie, l'année commence au beau Printemps vingt-vniesme de Mars, mais pour plus facile intelligence, ie dirois auec les plus doctes

versez en cet art, que le Soleil estant paruenu au premier degré & minutte du signe du Capricorne, lequel
prenda le gouuernement de la presente quadrature
hyemale, pour de là nous gouuerner comme à sa mode & à son vouloir, si aucun empeschement ne luy est
donné de la part des superieures Planettes & signes
contraires. Or du commencement il nous donnera vn
temps & estat de la qualité, sçauoir Saturne gubernateur de cet an Bissextil, estant logé au plus haut du
Ciel, veu sadite qualité le temps fort mal plaisant, des
humiditez, neiges, & gresles & fort melancolique, lequel communiquera ses qualitez au gay Printemps, ce
qui pourra retarder l'aduancement & production aux
biens serriens iusques sur la fin du mois, que les Hebrieux appellét Nisan, c'est à dire Mars, auquel temps
Michael, ainsi appellé en nostre Astrologie diuine, &
en commun pere de lumiere, le Soleil entrant sous le
signe d'Ambriel, qui est celuy où il s'esiouyt dauátage,
supplera au deffaut du precedent iusques au mois de
Iuin, voire le long de l'Esté entierement, qui nous
causera des passades tresbelles, parce que la Deesse des
Amants en la sixiesme maison celeste, se vante de nous
tirer le rideau celeste; mais de ceste courtoisie, il ne
luy faut donner aucune loüange, d'autant que le beau
temps sera en credit, ceste diuersité en mettra beaucoup au lict, de tout aage & qualitez les rheumes auront la vogue: vn grand Mercurialiste & Iouialiste
Dieu le conserue, & de quelque autre esloigné.

Pour la saison Printaniere, le commencement sera
encore froid & neigeux, en partie pluuieux, suiuy de
tempestes, tantost de broüillards espais qui engendre-
ront des maladies diuerses, les fievres seront fort dan-
gereuses & de difficile cure, parce que l'Achesie &

Atropos ne font endormies à leur trauail ordinaire, feront les pafturages fort maigres, de forte que le beftial aura grandement à fouffrir, & endurera beaucoup.

Quand à l'Efté il fera plus doux & courtois, d'autant que Michael pere de lumiere & de chaleur approchera du Tropique de Muriel, il nous regardera plus à plomb, & par confequent en ferons-nous plus efchauffées : il fera des foins affez honneftement, les bleds feront beaux, il en fera trefbien.

L'Automne fera plus plain de refiouyffance, combien que la fraifcheur & brouïllards trop frequents, donneront difficulté aux fidelles feruiteurs de Bacchus, c'eft ce que me demonftre les Aftres, mais i'en fais peu d'eftat, d'autant que ie void la Deeffe Tircida enchaifnée dans fon lien. Harconag & Henem feront en tel eftat. Quelques rebelles feront reduicts à la raifon. Qui aura des beftes, tant blanches qu'à cornes, les peut affeurément & pour fon profit vendre auant l'Hyuer. Cefte année il fera bon engraiffer & labourer les terres.

PREDICTION THEVRGIQVE,
pour l'année mil six cens quarante-neuf.

LE renouuellement de cefte année 1649. commencera felon la vraye fupputation des Arabes, voire de tous les Aftrologues le 21. du mois de Mars, lors que le Soleil fera fon entrée au logis, où pend pour enfeigne le Belier, à la blanche toifon. Le bon Iupiter seigneur de la premiere maison du Ciel, s'estant rendu gouuerneur de ceste année, fera que ceux de son gouuernement meneront ioyeuse vie, feront bien leur profit, & seront en reputation, neantmoins que Venus constituée sous vn signe chaud & humide, tel qu'est le Verseur d'eau. Saturne en la pointe d'Orient retrogradant par le signe du Scorpion, signifie subuersions de ceux qui nauigent, assez peu de bleds & reuenu d'année non assez riche. Car Almansor dit, sentence 42. de ses dicts, que le seigneur du premier cercle, à sçauoir Saturne quand il sera en signes fixes sera mortalité, & cherté, autrement il apportera danger de mort par fieures pestiferées, bubes ardantes, trop grands flux de ventre & douleurs de rate, consomption, toux, mal de teste, pleuresie, apoplexie, frenesie, insanie, verole, ou tres-grand espouuantement & terreur à plusieurs du commun peuple, principalement feminin, entr'autres sont menassez ceux qui ont les Lunaires & l'horoscope au dixiesme degré du Taureau & du Scorpion. Dauantage quelque nouueau Prophete s'esleuera, comme le demonstre Mars, marchant par la porte d'embas de l'horoscope au domicile de Iupiter qu'il touche le rayon opposite. Selon l'opinion de Messa-hala & Abarangel, Mars trouué sous vn signe aquatique, tel qu'est celuy du Scorpion, sera cause que plusieurs dommages & inconueniens aduiendront. Quand à la premiere saison, elle sera aussi froide que de long-temps l'air veu vn Hyuer si froid que celuy-cy sera, & sera fort difficile à passer.

Le Printemps sera moyennement sec & tempestueux, Aquilon ne cessera pendant Mars & Auril à souffler de telle sorte, qu'il est impossible que la frayeur ne surprenne les plus hardies, les Coureurs

& Maſſons qui depuis quelque temps ſe ſont tenus en repos, pourront tourner leurs autels vers le Septentrion, pour remercier le gambadeur Mercure, qui en peu de temps leur taille de la beſongne. Les maladies ne ſeront à moindre nombre que par cy-deuant, ains continueront de plus en plus.

La ſaiſon Eſtiualle prendra ſon commencement au vingt-deuxieſme de Iuin, le Soleil entrant au premier poinct de l'Eſcreuice, & la Lune ayant quitté la teſte des femmes pour prendre celle du Lyon, qui nous ſignifie que ſon commencement ſera paſſablement beau, mais aſſez moüillé, auec tonnerres qui ameneront de la greſle en aucuns lieux, & ſe faut haſter de couper les foins. Son milieu ſera doux & temperé, auec vn petit vent ſuiuy d'vne chaleur touffante, & ſa fin tiendra à moderation & clameur de l'air. Les maladies ſeront douleurs de ventre & de reins. Pluſieurs ſeront infortunez en leur ſanté, & feront vn long voyage.

La ſaiſon Automnale print ſon commencement le vingt-troiſieſme de Septembre, le Soleil touchera le ſigne Equinoxial des Balances Auſtrales, qui me fait croire que du commencement l'air doit eſtre moderé d'vne agreable douceur. Son milieu ſera froid, obſcur, & couuert, auec grands vents & pluyes, temps fort inconſtant; & ſa fin ſera venteuſe, pluuieuſe & addonné à la neige.

PREDICTION THEVRGIQVE,
pour l'année mil six cens cinquante.

EN ceste année mil six cens cinquante, nous aurons le commencement de l'Hyuer en l'année mil six cens quarante-neuf au mois de Decembre, le 24. iour à neuf heures trente-six minuttes du matin, le Soleil entrant au premier degré du signe du Capricorne, qui nous promet le commencement de cest Hyuer estre froid & rigoureux, & que l'air sera tousiours accompagné de grosses nuées noires & espaisses & obscures, pleines de tempestes gelantes & froidureuses, vents & inondations de torrens & de fleuues, flux & reflux de la mer Oceane, abismes, nauigations difficiles & perilleuses, mort aux poissons & bestes terrestres, dommages aux fruicts & herbes potageres, non seulement pour ceste saison, mais aussi pour le reste de l'année, Iupin en sextil à Venus, la regardant d'vn œil amiable, nous promet en cest an resiouyssance pour cause de mariages.

Quand au Printemps selon le iugement de ce docte Censorinus, est trouué que Demogorgon il nous est promis vn commencement fort froid, se ressentant encores de l'Hyuer passé, accompagné de vents tempestueux. Iupiter en la troisiesme maison, non gueres esloigné de la Dame Proserpine, ne faillir de nous couurir le Ciel par orages & vapeurs aquatiques, qui causeront des maladies en tres-grand nombre, ainsi que l'on pourra recognoistre & remarquer plus par-

ticulierement par les Diaires , compofez par moy
pour ladite année. La fin fera quelque peu attrempée,
& de plus douce temperation, affez bonne pour la
faifon.

Le Soleil faifant fon entrée au figne de l'Efcreuice
celefte , nous promet auec l'affiftance du meffager des
Dieux eftre l'Efté chaud & humide, & venteux du
commencement , mais fon milieu fera doux & ferain,
beau, clair & lucide: Les maladies perilleufes & pefti-
lentes regneront. Iupin & Mercure fe regardant d'vn
trin afpect , feront caufe que le tout fera en grand
peril.

En ce temps proche la faifon Automnale, fera gouuernée par le porte-faux , feigneur de la premiere, &
le Roy des flambeaux , faifant fon entrée au Bouc au
mois de Septembre , nous prefage vn temps chaud,
accompagné quelquesfois d'vne petite pluye , mais
la chaleur fuppeditera , & nous caufera affez bonne
vendange.

PREDICTION THEVRGIQVE,
pour l'an mil fix cens cinquante & vn.

PHœbus, ce grand luminaire celefte, qui excede en
grandeur toute la terre cent foixante & fix fois,
(felon Ptolomée) l'appellant quelquesfois le fils de
Hypperion, frere de Diane , donnera fon commencement en l'année mil fix cens cinquante, le 22. iour de
Decembre , à quatre heures dix minuttes apres midy,
lors que le Soleil entra au figne de Capricornus. A ce

commencement Saturne se couchant auec la petite
Chienne celeste, Iupiter se leuant auec les pleiades,
Venus trouuée auec le cœur du Scorpion, Mars se
leuant auec la fidicule, & s'associant Darcture pour
accompagner la Lune au 25. de son apogée, & la conionction de Mercure au celeste chartier, nous promet
le commencement de cest Hyuer estre froid & rigoureux, & que l'air sera tousiours accompagné de grosses
nuées noires, espaisses & obscures, pleines de tempestes gelantes & froidureuses, vents & inondations
de torrens & de fleuues, nauigations difficiles & perilleuses, pour les grands & extraordinaires vents qui
pour lors de la part de Boreas souffleront le pays
d'Aquilon, sera du tout gelé, & l'air sera tellement
rigoureux que nous en aurons pour le moins trois
sepmaines pour la premiere touche, & ce ne sera que
pour nous affriander : Comme nous entrerons dans
l'année le sec se conuertira en humidité, qui incom-
modera beaucoup, laquelle ostera toute la force du
Soleil, lequel s'efforcera d'abbatre les gresles, neiges,
verglas, bruines venteuses. Ie diray d'autant que ie
trouue le Planette en signe humain, il est à craindre
qu'il ne suscite beaucoup de maladies fascheuses, causées la plus-part de la putrefaction du sang, comme
apostemes, bubons, clouds, fistules, epilepsies, squinances, pleuresies, fievres tierces, & autres sembla-
bles, estant ceste sienne mauuaise influence aux fruicts
de la terre, qui sur l'Esté en seront fort endommagées :
Toutesfois ie void Saturne & Iupiter en assez bonne
intelligence, qui me fait iuger qui mettront tout leur
pouuoir pour empescher les mauuaises influences des
autres cheualiers celestes. Les bestes quadrupedes
sont menassez : Le Singe tirera du feu les marrons de
la patte

de la parte du char, de peur de se brusler. Les germain
des Muses aux cheueux dorez, nous influera ses naturelles chaleurs.

Pour faire entrer le gay & gracieux Printemps,
pour commencer sa course le vingtiesme Mars, Venus
trouuée auec Fomahant, Iupiter auec les Pleiades,
Saturne se leuant auec Ennion pour se coucher auec
Procion, Saturne & Venus se couchant auec le Bouc,
& Saturne se leuant auec Apollon, tous ensemble
s'efforceront de nous faire iouyr de la gaillardise d'vn
temps vrayement printanier, cessant toutes pluyes,
gresles, & fraischeurs, si ce n'est du matin que la mali-
gnité de l'air attirera à soy de la terre les vapeurs, dont
il a de coustume de fournir sa moyenne region. Au
reste le Renard voyant la meure trop hautement si-
tuée, & n'y pouuant atteindre, dira qu'elle sera trop
verte.

Le Solstice Estiual nous visitera de ses chaleurs, ordinaire le vingt-vniesme Iuin, quand le Soleil entrera
au Sagitaire le vingtiesme degré de l'equitable Balance, nous seruant d'ascendant, ne nous promettent rien
de bon: Reserue que les fruicts de la terre se porteront
fort bien. Le sextil de Mars & le trigone de Iupiter
menasse la plume d'vn docte personnage.

L'Automne Equinoxe nous visitera le vingt-troisiesme iour de Septembre au signe de Pisces, nous
ascendant lors le septiesme degré d'Aries, le sextil de
Saturne, l'opposition de Iupiter fera en sorte de mettre le Pere Denis en credit, & se fera courtiser pour
l'abondance de son odeur, & l'affluence de sa liqueur.
Il naistra quelque enfant, qui apportera grande
resiouyssance.

Le Solstice Hyemal sera en Decembre le 22. iour au

signe de Cancer, ascendant lors le signe du Scorpion. Le quadrat de Iupiter semble fauoriser le commencement de ceste saison par vn temps moderé, non trop excellent en froidure, l'opposition de Mercure à celle de Mars nous donnera des gresles violentes.

PREDICTION THEVRGIQVE,
pour l'an mil six cens cinquante-deux.

LA disposition de ceste quarte Hyemale dependra de la pluspart des Astres & corps celestes. L'Hyuer pere de froidure, qui print naissance l'année precedente, le 22. de Decembre, le Soleil entrant au signe du Chevre corne, continuera la rigueur de ses froidures ordinaires, d'autant que le Soleil sera au dernier point de son reculement & dernier periode, se verra en tres-mauuaise trouppe, qui se laissera aller par compagnie, & qu'il n'aura ce me sembe gueres de soucy de ses enfans, mais comme il retirera ses rais amiables de nous, de mesme aussi laissera-il la domination de l'air à cest effrené & malicieux porte-faux, qui combien qu'il nous tourmente grandement de gelées, desgelées, & regelées, tant ordinaires qu'extraordinaires: Plusieurs se plaindront du mal de côsté, rheumes intolerables, perte d'appetit, de iuger si le malin Planette a longue domination, i'en suis en doute, d'autant que le pere de lumiere se haste peu de nous visiter, toutesfois comme ceux qui vont bellement, ne laissent d'abreger chemin. Bacchus pere des bibetons, nous promet cest an faire admirer l'effect que causera à quelqu'vn la violente prise de ses liqueurs pamphiritiques.

Il me semble que dans le mois de Mars il vient de chanter la saison Printaniere, de là ie cognois que nous deuons estre traictez plus humainement, car la belle Cybelle fera grandement aduancer les biens terriens, au grand contentement des laboureurs : car la terre commencera à ouurir son sein, pour en apres nous faire part de ses riches presens, comme ie crois que l'année doit estre fructueuse en toutes sortes, s'il nous faut croire au conseil que nous en donne la conionction de Saturne à Mercure, joinct le quart aspect de la Dame des puissances à celle des chasseurs, les differents & significations ne different gueres de l'an precedent. Le Soleil estant comme l'ame du monde, splendeur de tous les autres grands, petits, fixes, & errans flambeaux celestes, la source de vie, de tout ce qui naist & respire icy bas ; & bref la beauté, consolation & conseruation de l'admirable sculture de cest Vniuers, rendra la terre abondante & florissante en toutes choses

L'Esté fera sortir ses chaleurs auec Phœbus le 21. de Iuin au signe du Cancre. Les oppositions de Iupiter à Mars, semble nous vouloir donner quelques tonnerres, foudres, & pluyes chaudes. Le leuer de Mars auec la grande Chiene celeste, ne nous incitera que des chaleurs insuppotables & violentes, qui nous ameneront plusieurs contagieuses maladies. Les bestes à laines se porteront fort bien cest an. Belle preparation de vendange, & de tout autre sorte de fruicts, le tout sera à bonne composition.

La saison Automnale commencera enuiron le 23. de Septembre au signe de la Balance. Les sextils de Satur-

ne à Iupiter cauſeront quelques pluyes à ce commencement : ce qui eſt confirmé par l'Aſne Auſtral , auec
lequel Saturne ſe couche. Toute ceſte ſaiſon ſera aſſez
mal plaiſante, & pluuieuſe. Ceſt an ſera fort peu ſubjet
aux infortunes que les Aſtres peuuent influer ſur
nous. Les ſemailles ſeront fort belles, & feront belles
apparences ſur la fin de ceſte ſaiſon : La bouteille du
bon pere Denys ſera bien enflée. Les corps humains
ſe porteront fort bien, & y aura grande reſiouyſſance
en toutes ſortes d'eſtats. Ie prie Dieu de nous donner
ſa ſaincte benediction.

PREDICTION THEVRGIQVE,
pour l'année mil ſix cens cinquante-trois.

LE pere de froidure print ſon commencement le
 11 de Decembre de l'an paſſée , à neuf heures du
ſoir, & ſera lors aſcendant le deuxieſme degré de la
Vierge, ſigne commun , le ſeigneur duquel aſcendant
ſe trouuant en l'angle Septentrional, nous vient à ſi-
gnifier que les vents ſeront en la pluſpart Septentrio-
naux, tendant à autant de neiges & autres choſes con-
gelées qu'on ait veu il y a long-temps, accompagné
d'vn temps mal ſain, & ſe fait de grands aſpects de Saturne à Mars : cela promet de grands tonneres en iceluy Hyuer, & ſi frequents pour la ſaiſon, qu'ils feront
prendre augure de quelque grand malheur. Seront à
craindre les demolitions de baſtiments, tant à cauſe
d'iceux, que des eaux & vents qui ſeront tempeſtueux :
ce que les verſez en la iudiciaire pourront eſplucher

plus particulierement: outre les aspects des Planettes, ie voy le superieur marcher à la mode des Cordiers, ie ne fais aucun douté que celuy qui est de sa nature ne fasse le voyage du fleuue Cochyte, puis apres en aucuns seront incarcerez, le temps sera vn peu contraire aux bleds qui sont en terre, les foins & fourrages seront de haut prix.

La saison Printaniere, qui est le commencement de l'an selon les Astrologues, commencera le 21. de Mars, à vne heure vnze minutes 43. secódes du matin, estant lors ascendant le 18. degré 50. minuttes de l'Archer. Le seigneur d'iceluy trouué opposé à Saturne & à la Lune, semble nous promettre par contrée des grands deluges : & sera iceluy Printemps accompagné de grands foudres, veu qu'en la figure de l'Hyuer se trouue presque à sçauoir Mars regarder Saturne de quarré, qui nous promet vne année qui sera bien dite des grands vents, & dangereux és chemins. Il sera bon s'absenter de faire voyages sur mer.

Le chaleureux Esté commencera le 21. Iuin à neuf heures apres midy, ascendant le signe du Bouc, qui nous promet vn vent Occidental & fort chaud, qui nous fera paroistre en l'air le plus souuent des nuées rouges & iaunastres, accompagnez d'vne grande inflammation d'air, bruslant quelque forest ou pays. Tous les biens abbaisseront de prix : les bestiaux se porteront fort bien en cest an.

La saison Automnalle commencera le 23. iour de Septembre, à huict heures du matin, ascendant le commencement du Scorpion, qui nous vient à signifier des vents d'entre Midy & Orient, qui seront fort pluuieux & humides, nous eslargissant des pluyes abondamment. La vendange sera assez bonne : Les fruicts feront bons à recueillir. Sa fin fera plus belle que le commencement, l'air fera tres-doux & agreable. Les Laboureurs auront occafion de leur refiouyr, pour la belle faifon des femailles.

PREDICTION THEVRGIQVE,
pour l'an mil fix cens cinquante-quatre.

CEt an commencera fon cours par la faifon nom-mée vulgairement hyuer, qui print fon commencement le 23. iour de Decembre de l'an 1635. le Soleil entrant au premier poinct du froid Capricorne, la Lune eftant au 22. degré de la Vierge Aftrée; en continuant fon cours, fera caufe qu'à fon entrée nous ferons feruis de froidures, neiges & pluyes, non fans vents importuns, gelées & inconftance de temps, trop diuerfe & fafcheufe aux pauures malotrus, ayant befoin du peu de ce que les autres ont trop. Son milieu fera fafcheux par orages Aquiloniens, bize noire, bruines & broüillards, qui fe conuertiront en neiges, ou pluyes rendant à toute inconftance & varieté. Le Ciel fe monftrant tantoft doux, & affez agreable, & tantoft menaffant de froidures & gelées: & fa fin tiendra toufiours de la condition precedente; à fçauoir, froide & glaciale felon la faifon, fuiuies apres de quelque plaifante & amiable douceur, fi par fois les pluyes, neiges, grefles, & grefil, n'y donnent empefchement. En cefte faifon les maladies feront defluxions, rheumatiques, douleurs de reins, paralifies, mal de cœur, fievres continuës, & autres dangereufes infirmitez.

Le gay Printemps prenda sa naissance le 23. iour du mois de Mars, le Soleil entrant au premier poinct du chaud & gaillard Mouton, la Lune estant au froid Chevre corne. A ce commencement l'air sera troublé par bruines & brouïllards, qui se resoudront en pluyes auec froidures, accompagnées de vents Meridionaux, suiuies de neiges, gresil, & giboules en diuers lieux, tendant apres à quelque douce temperature, qui aduancera les biens de la terre. Le bled sera à tresbonne composition, & le vin aussi. Son milieu sera d'vne agreable moderation: Et sa fin sera aucunement sombre, & neantmoins d'vne bonne temperature & moderation, auec vn temps doux & paisible, tendant à varieté par vents frais, nielles & vapeurs qui menasseront de pluyes, & autres mauuais temps. Les maladies seront fievres chaudes, douleurs de teste, douleur de col, & entre les espaules, & fievres contagieuses.

La saison Estiuale sera le 22. de Iuin, le Soleil entrant à la fluuiale Escreuice, la Lune sous les humides Iumeaux, nous ne pouuons à son commencement faillir d'estre fauorisez d'vn bon & beau temps, selon la saison, tendant pourtant à pluye, gresle & quelque tonnerre, auecques vents & pluyes legeres & menuës, accompagnées de touffeur & grande pesanteur, qui sera cause que les gens des champs seront rendus si vains, qu'ils seront empeschez à leuer leurs moissons, qui seront en grande abondance. A son milieu le Ciel doit estre quelque peu attrempé, tendant à pluye chaude, temps sombre & pesant, non sans menasse d'orages & fulgurations assez fascheuses, qui donneront quelque algarade au bon pere Denis : Et sa fin sera attrempée, auec vne fraischeur & humidité temperée, receuant tousiours quelque reste des chaleurs

precedentes. Les maladies seront fievres continües,
pleuresies, iaunisses, & autres importunes infirmitez.

Le plantureux Automne fera son entrée le 25. iour
de Septembre, le Soleil entrant au premier poinct de
l'equitable Balance, la Lune tenant le premier degré
du dangereux Scorpion. A son arriuée, ne veut pas
faillir de nous seruir d'vn froid venteux, pluuieux &
nielleux, auec fraischeur assez grande, & autre varieté
& inconstance par gelée blanche, obscuritez, & humiditez, qui menasseront de pluyes menuës, brouillards; & en apres suruiendra vne temperature amenant vn vray temps de l'Automne, pour recueillir la
recolte du bon pere Denis. Et sa fin nous amenera vne
fraischeur assez picquante, laquelle sera suiuie d'orages & froidures bien grandes : Les semailles seront
fort belles, & feront belles apparences. Les maladies
feront des rheumes, catharres & defluxions, auec fievres quartes, pleuresies, douleur de teste, des yeux, &
de costé. Dieu vueille par sa saincte grace conseruer
les biens qui sont au giron de la terre, & iceux faire
croistre & multiplier, pour la nourriture de son pauure peuple. Ainsi soit-il.